www.ingramcontent.com/pod-product-compliance
Lightning Source LLC
Chambersburg PA
CBHW072138070526
44585CB00016B/1741
* 9 7 8 1 6 3 6 5 7 2 8 3 3 *